오, 멋진데!

오, 멋진데!

초판 1쇄 발행 2017년 2월 15일
초판 14쇄 발행 2025년 9월 15일
글·그림 마리 도를레앙 | **옮김** 이정주 | **해설** 강수돌
발행 이마주
등록 2014년 5월 12일 제396-251002014000073호
내용 및 구입 문의 02-6956-0931
블로그 http://blog.naver.com/imazu7850 | **이메일** imazu7850@naver.com
제조국명 대한민국 | **사용연령** 5세 이상 | **주의사항** 날카로운 책장이나 모서리에 주의하세요
ISBN 979-11-957188-4-9 74860

C'est chic! by Marie Dorléans ©2015, Editions du Seuil, Paris. All Rights Reserved
Korean translation ©2017 by Imazu
Korean translation rights arranged with Editions du Seuil through Orange Agency

이 책의 한국어판 저작권은 오렌지 에이전시를 통해 저작권자와 독점계약한 이마주에 있습니다.
저작권법에 의해 한국 내에서 보호를 받는 저작물이므로 무단 전재와 복제를 금합니다.잘못된
책은 구입하신 곳에서 바꾸어 드립니다.

오, 멋진데!

글·그림 마리 도를레앙 | 옮김 이정주 | 해설 강수돌

마주

시장에서 상인이 가판대에 물건들을 죽 늘어놓으며 외쳤어요.
"자, 사세요! 외투, 대접, 단추, 소시지, 화병, 소파,
양탄자, 구두, 빗자루, 거울, 커피잔, 모자, 손가방, 풍선,
세탁기, 암탉, 다리미, 트럼펫, 수영복이 있어요……."

길을 걷는 사람들은 거들떠보지도 않았어요.

새로울 것 하나 없는 물건들이니까요.

상인은 낙심했지만, 그래도 계속해서 외쳤어요.
"자, 사세요! 외투, 단추, 소시지, 소파, 양탄자……."

그러던 어느 날,
상인은 기발한 생각이 떠올랐어요.
"자, 사세요!
구두잔, 가방모자, 양탄자우산……."

그 말에 길 가던 사람들이
발걸음을 우뚝 멈추고 돌아봤어요.
"구두잔? 가방모자? 양탄자우산?
오, 멋진데! 여태껏 그런 건 없었잖아."
사람들은 새로운 물건에 흥분했지요.

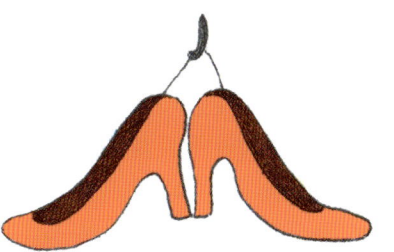

사람들이 우르르 몰려들었어요.
'이제야 장사가 좀 되겠군.'
상인은 물건을 다른 용도로 팔기 시작했어요.

곳곳에서 이상한 패션쇼가 벌어졌어요.

사람들은 최신 물건을 뽐내기 위해 이웃을 초대했어요.
"새로운 찻잔 어떤가요?"
"오, 멋진데!"
손님들이 감탄했어요.
불편한 것쯤은 아무것도 아니었지요.

아이들은 새로운 장난감을 나누어 쓰는 법을 배워야 했어요.

새로운 침대에 적응해야 했지요.

새로운 잠자리가 모두 편한 것만은 아니었어요.

시간이 흐르자 모든 것이 엉망진창, 뒤죽박죽.

난장판이 되었어요.

더는 아무것도 원래대로 쓰이지 않았지요.

심지어 닭이나 청소기도요.

그러던 어느 날,
한 남자가 상인 맞은편에 물건을 늘어놓고는 외쳤어요.
"자, 사세요! 식사를 할 수 있는 식탁이 있어요.
요리용 냄비가 있어요.
비를 막아 주는 우산이 있어요.
바닥을 쓰는 빗자루가 있어요.
자르는 데 쓰는 가위가 있어요.
목욕할 수 있는 욕조도 있어요."

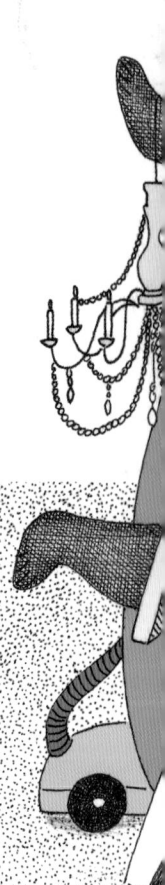

그 말에 길 가던 사람들이 발걸음을 우뚝 멈추며 돌아봤어요.
"요리용 냄비? 비를 막아 주는 우산?
오, 멋진데! 여태껏 그런 건 없었잖아?"
사람들은 새로운 물건에 흥분했어요.

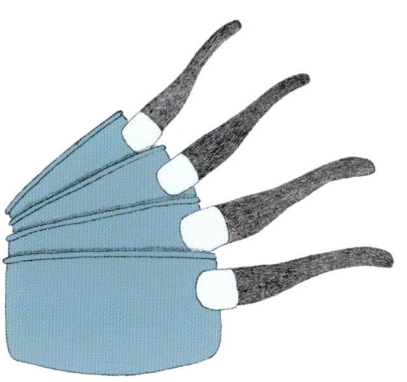

사람들이 우르르 몰려들었어요.
남자는 장사가 된다고 좋아했답니다.

명사와 함께 읽는 철학동화
더 많이 사면 더 행복해질까요?

　우리가 사는 물건들 중에는 꼭 필요한 것도 있지만, 그렇지 않은 것도 많습니다. 당장 필요가 없는데도 '값이 싸니까' 사는 것도 있고, 내게 필요한 것이 아닌데도 '남들이 다 사니까' 사는 것도 있지요. 또 '유행에 뒤떨어지는 게 두려우니까' 사기도 합니다. 새것, 새로운 것, 특별한 것을 사려는 마음은 비단 우리 몸에 걸치는 옷이나 신발, 가방에서 끝나지 않아요. 휴대전화, 냉장고, 텔레비전, 가구나 장식품, 심지어 자동차 같은 것도 새로운 기술이 등장했다고, 새로운 디자인이 나왔다고 바꾸려 하지요. 그런 마음 뒤편에는 다른 사람들에게 멋있고 특별하게 보이고 싶은 속내가 나도 모르게 숨어 있습니다. 이런 마음과 행동이 반복되다 보면 새롭고 신기한 물건을 사들이는 것 자체에 의미를 부여하거나 물건을 사는 행위를 통해 마음을 달래는 병에 걸리고 맙니다. 그런 걸 '쇼핑 중독'이라고 부르지요.

　내 돈으로 내가 좋아서 사는 게 뭐 그리 큰 문제냐고요? 더 많이 사면 더 많이 행복해질 것 같다고요? 한번 살펴봅시다. 물건을 사는 데는 돈이 필요할 것이고, 돈을 많이 벌려면 당연히 일도 더 많이 해야 합니다. 그러다 보면 좋아하는 일을 하면서 쉬거나, 사랑하는 사람과 함께 시간을 보낼 수 없게 되지요. 물건의 가치와 쓸모는 영원하지 않아요. 그렇게 사들인 물건의 본래 의미는 점점 사라지고 결국에는 그 물건들이 쓰레기가 되어 온 집안을 점령할 것입니다. 여기서 끝나는 것이 아니에요. 지구에 사는 70억 명의 사람들이 많이 사고, 더 많이 만들고, 그래서 더 많이 사면 지구가 가진 자원들이 남아날까요? 그로 인해 생겨난 쓰레기는 어떻게 처리하나요? 처리하지 못한 쓰레기가 산과 들, 강과 바다를 오염시키는 건요? 생각없이 산 물건 하나가 결국에는 지구를 망가뜨릴 수도 있답니다.

그렇다면 이제 우리는 무엇을 해야 할까요? 잠시 멈추고 생각을 해야 합니다. '과연 이것이 내게 꼭 필요한 걸까?', '이 물건이 없으면 내 생활이 불편해질까?' 자 그럼, 이런 생각을 마음에 새기고 다시 시장 구경을 가 볼까요?

– 강수돌(고려대 교수, 《지구를 구하는 소비》 저자)

작가의 말

한 발자국 물러서서 생각해 보기

    뒤죽박죽 어지르기, 이리저리 옮기기, 무의식적으로 따르는 규칙에서 벗어나기……. 내가 특별히 좋아하는 것이에요. 그래야 무엇이든 시작할 수 있으니까요!

    나는 이야기 속 상황을 어지럽히고, 인물들이 그 상황을 어떻게 헤쳐 나가는지 지켜보고, 그것을 있는 그대로 받아들이는 것을 좋아해요(그대로 받아들이지 않는 것도 좋아한답니다). 그렇게 해서 이 이야기가 태어났어요.

    하지만 이게 다가 아니에요. 우리와 물건과의 관계, 늘 유행을 쫓으면서 더 가지려는 과한 소유욕을 이 책에서 보여 주고 싶었어요. 유행은 지나고, 물건은 변해요. 그러면 우리는 정말로 무엇을 고른 걸까요? 이것이 《오, 멋진데!》가 던지는 중요한 질문이에요. 이 질문을 떠올리며 때로는 익숙한 흐름에서 한 발자국 물러서서 생각해 보기를 바랍니다!

마리 도를레앙
Marie Daléans